A LA
REYNE
DE
SVEDE.

PANEGYRIQVE.

A PARIS,

Chez Iean Baptiste Loyson, au Palais, au
Perron Royal, à la Croix d'Or.

M. DC. LIII.

REYNE DE SVEDE
CHRISTINE
Ayant dequoy rauir les Hommes et les Dieux
Le Burin ne sçauroit esgaler son Visage
Mais puisque son esclat blesse en charmant les yeux
Contentez vous Mortels d'en regarder l'Image.
F. Chauueau
Jn. et fecit

A LA
REYNE
DE
SVEDE.
PANEGYRIQVE.

Isible Deïté, *Merueilleuse* CHRISTINE,
Charmant effort du Ciel, ô sçauante Heroïne!
La Nature n'a point de Climat reculé
Où ton Nom Glorieux ne soit desia volé;
Quand le Roy des Saisons fait sa vaste carriere,
Ta Gloire va plus loin que ne va sa lumiere:
Et fait bien plus de bruit que le Prince du Iour
Ne verse de clartez alors qu'il fait son tour:
La Muse industrieuse, & l'Histoire fidelle,
Forment de ton Merite vne Image immortelle.
Le Poete, l'Orateur dans leurs doctes escrits,
En traçant ton Pourtraict charment tous les esprits,

A ij

Les sçauans Escriuains te consacrent leurs veilles,
Le vulgaire ignorant parle de tes Merueilles :
Le Desert & la Cour à l'envy font effort
Pour parler dignement de la REYNE du Nort :
Alors que ie t'admire en gardant le silence
Chaque voix peint l'esclat de ta Magnificence.
Les Peuples differens bruslent de mesme ardeur,
Ce qui n'a point de voix marque aussi ta Grandeur ;
Le pinceau, le burin font d'illustres Peintures,
Où l'on voit esclater tes hautes Aduantures :
Dans les trauaux hardis des plus celebres mains
Nous te voyons former le bon-heur des Humains ;
Des Peintres, des Graueurs, l'admirable industrie
Tracent l'auguste Objet de nostre idolatrie.
Et dans mille Tableaux ils sçauent figurer
Toutes les Actions qui le font adorer.
L'Or, le Iaspe, l'Airain, la Bronze & le Porphire
Disent de tes Vertus tout ce qu'on en peut dire :
Ils reçoiuent de l'Art le don de s'exprimer,
Ce n'est plus que pour Toy qu'il veut les animer.
Le silence est vn crime, ô REYNE Magnifique !
Lors que tout l'Vniuers fait ton Panegyrique ;
Pourquoy tenir du Ciel des talents precieux ?
Pourquoy sçauoir parler le langage des Dieux ?
Pourquoy sçauoir former vne riche guirlande ?
Et pourquoy sçauoir faire vne diuine offrande ?
Si ce n'est pour t'offrir l'Encens & les Autels,
Te rendre les honneurs qu'on rend aux Immortels,
En mettant sur ton front la brillante Couronne,
Que la Vertu merite, & que la Muse donne.

Ciel

Ciel, esclaire le feu de ma temerité,
A cette noble ardeur adjouste la clarté ;
Illustres mon esprit d'vn rayon de lumiere
Pour voir cette Grande Ame, & la voir toute entiere.
Que mon genie obtienne en ce hardy projet
Vn glorieux rapport à cet Auguste Objet :
Afin que ce Miracle en sa beauté supresme,
Entre dedans mon cœur comme il est en soy-mesme.
Que ma main fasse apres sans obmettre aucun traict
D'vne parfaite Idée vn fidelle Pourtraict :
Que de ces qualitez qui la font adorable
Ie produise vn crayon esclatant & durable.

O Nort, tout l'Vniuers enuie ton honneur !
Voir CHRISTINE *est joüir d'vn souuerain bon-heur ;*
Chez Toy l'on voit briller cet Objet magnanime,
De tes Climats glacez vient le feu qui m'anime :
REYNE, ie ne veux pas en vn sujet si beau
Rechercher la clarté dans la nuict du tombeau ;
Tes Ayeux fortunez, soit en paix, soit en guerre,
Furent pompeusement les Maistres de la terre.
L'Inuincible ALARIC *par ses fameux exploits,*
Victorieux de Rome, a vengé tous les Roys ;
Mais son Nô fut moins grand que le tien, Grande REYNE,
Bien qu'il vit sous ses pieds l'ambition Romaine :
GVSTAVE a triomphé tant qu'il a combatu,
Son Front fut couronné des mains de la Vertu.
La Fortune en tremblant luy deuint infidelle,
Il pouuoit tout dompter, elle craignit pour elle ;
Ce Conquerant joignit par vn illustre sort,
La gloire auec sa Vie, & la gloire à sa Mort.

B

Son bras fut si funeste à l'Espagne & l'Empire,
Que iusques à present l'vn & l'autre en souspire;
Et ce Roy foudroyant fut prest d'exterminer
Vn orgueil qui sembloit ne pouuoir se borner.
Mars, de tous ses Lauriers enuironna sa teste,
Et l'Vniuers entier eut esté sa conqueste;
Si le Ciel n'eut voulu donner à ce Heros,
Pour vn trauail auguste vn glorieux repos.
Tant de succez heureux, tant d'actes Heroïques,
Doiuent se retracer par des Vers magnifiques;
Les remettant au iour par de brillans efforts,
Mon stile estaleroit ses plus riches tresors.
Mais ie sens, Grande REYNE, au profond de mon ame,
Pour vn plus digne Objet vne plus belle flame:
Ta Gloire me rauit par des traits si puissans,
Qu'à toute autre que Toy ie refuse l'encens;
Bien qu'aux Siecles passez on ait vû dans la Grece
D'vne Fille sçauante en faire vne Deesse.
Bien que Rome autrefois ait dressé tant d'Autels,
Et mis tant de Heros entre les Immortels:
L'antiquité n'eut point de Personne diuine,
Qui ne fut au dessous de l'Illustre CHRISTINE.
Les Cesars, les Cyrus, s'esleuerent bien haut,
Mais leur perfection ne fut point sans defaut;
De l'ombre de l'honneur leur ame fut charmée,
Et des vices brillans ont fait leur renommée:
Vsurper des Estats, & respandre du sang
Dans le sejour des Dieux ne donne point de rang.
REYNE, tu fus tousiours l'apuy de la Iustice,
Ta Victoire aux Tyrans fut vn iuste suplice.

L'Empire a vû par toy son orgueil abatu,
Le bon-heur fut contraint de suiure ta Vertu ;
Et ton bras secondé de la faueur celeste
Fut à tes ennemis redoutable & funeste :
Tes Estats agrandis par tes vaillantes Mains
Abisment dans l'effroy l'audace des Germains ;
Par Toy de mille feux l'espouuentable orage
Fit des marests de sang & des monts de carnage :
On pretendroit en vain t'oposer des remparts,
Vn sort victorieux te suit en toutes parts ;
Quand le Soleil paroist sur la voûte azurée
Vn oyseau le peut voir d'vne veuë asseurée :
Tu sçais plus esblouïr & plus intimider
Puisque l'Aigle effrayé ne t'ose regarder.
  Du Fameux Roy des Gots estant seule heritiere,
On vit passer en Toy sa Grandeur toute entiere ;
Tes Chefs causent par tout la frayeur & la mort,
Et la temerité craint la foudre du Nort.
Ils ont apris à vaincre en suiuant ce Monarque,
Qui fut en triomphant le butin de la parque :
Ils sçauent moderer vne noble chaleur,
Mariant la Prudence auecque la Valeur.
Ils sçauent comme il faut arriuer à la gloire ;
Ils sçauent comme il faut enchaisner la Victoire :
Mais dans ces hauts exploits, Grande REYNE, ton Nom
Fait cent fois plus de bruit que la voix du canon ;
Il cause aux moins hardis vne ferme asseurance,
Auec les bons destins il est d'intelligence :
C'est luy qui donnant l'ame à tes braues Guerriers,
Fait couronner leur front de superbes Lauriers.

Helene qui n'auoit qu'vn funeſte aduantage,
Qui n'eut que des beautez ſans vertus en partage;
Pour marquer qu'elle eſtoit Fille du Roy des Dieux,
Les Foudres de ſon Pere eſtoient dedans ſes yeux:
Et Toy REYNE qui ſors du Heros le plus braue,
Tu portes dans tes Yeux les foudres de GVSTAVE;
Et le Ciel dans tes Mains les faiſant voir encor,
Fait d'eſclat & de force vn merueilleux treſor.
Ton Front graue & charmant pompeuſement exprime
Les diuins ſentimens de ton cœur Magnanime:
Incomparable amas de charmes infinis,
Mille dons ſeparez ſont en Toy reünis:
Les regles des deſirs auecque la Science
Forment dans ton Eſprit vne auguſte Aliance;
Les plus hautes Vertus ornent ta Majeſté,
Et font vn bel accord auecque la Beauté.
De la perfection qui brille en ton Viſage,
On n'en fera iamais qu'vne imparfaite Image;
Oüy, pour Toy, la Nature, eſpuiſant ſes attraits
Nous oſta le moyen d'en faire des Pourtraits.
La Muſe pour te peindre employant ſa richeſſe,
Trace moins tes apas que ſa propre foibleſſe:
Les plus libres Mortels n'ont pû iamais te voir
Sans deuenir captifs, mais captifs ſans eſpoir;
Leurs amours en naiſſant meurent dans les ſuplices,
On fait à tes Vertus des iuſtes ſacrifices:
Ou pluſtoſt ces beaux feux ſoûmis à la raiſon,
Se font d'vn cœur bruſlant vne eſtroite priſon.
Le reſpect eſt pour eux vn inuincible obſtacle,
Leur diſant qu'vn ſoûpir irrite ce Miracle;

Et

Et que pour exprimer le pouuoir de ses Yeux,
Il faut estre du nombre ou des Roys ou des Dieux;
Tout ressent ta Valeur, tes Graces, ton adresse,
Des animaux volans tu braues la vitesse.
Dans le meurtre innocent te voulant diuertir,
Le plus leger Oiseau ne se peut garantir;
Ta Grandeur se fait voir à quoy que tu t'apliques,
Et mesme tes plaisirs sont tousiours Heroïques.
La force de la Prose & la beauté des Vers
Feront durer ton Nom autant que l'Vniuers.
Tous les Arts les plus beaux illustrent ta Memoire,
Tu formes tout leur prix comme toute leur gloire;
Ton merueilleux Genie est vn diuin Flambeau,
Qui seul donne le iour à ce qu'ils ont de beau.

Toy qui du Mont Athos souhaitois entreprendre
De faire vn grand Geant de ton grand Alexandre :
Et pour marquer le bien qu'il faisoit aux Humains,
Pretendois mettre vn Fleuue en l'vne de ses Mains.
Pour figurer CHRISTINE, ô Fameux temeraire!
De grace inspire moy ce que tu pourrois faire;
Vn Fleuue fait du bien & quelquefois du mal,
Dans ses desbordemens il est tousiours fatal:
Il est hors de son lict & funeste & terrible,
Mais le bien qu'elle fait ne deuient point nuisible;
Belle source du Iour c'est en toy qu'on peut voir
Sa liberalité comme dans vn miroir.
CHRISTINE me paroist lors que dans ta carriere
Tu repands des tresors en versant ta lumiere:
Et quand pour nostre bien, ô Prince des Saisons!
Tu cours incessamment dans tes douze Maisons.

C

Nous la voyons en Toy lors que deſſus la terre
Tu domptes les mutins qui te liurent la guerre:
Les Vents & les Broüillarts que ta puiſſante ardeur,
Force de reuerer ta diuine Grandeur.
Ton bel œil s'occupant à mille belles choſes,
Met l'argent ſur les Lis, la Pourpre ſur les Roſes:
Inuiſibles pinçeaux qui deſſus tant de Fleurs,
Couchez adroitement les plus viues couleurs.
Rayons, tous vos effects n'ont rien que d'admirable,
Vous produiſez l'vtile autant que l'agreable;
Vous meuriſſez les fruits, durciſſez les metaux,
Des rigoureux Yuers vous fondez les criſtaux:
Et les corps ont de Vous des vertus enfermées,
Pour vaincre tous les maux des choſes animées.
CHRISTINE eſt comme luy le chef-d'œuure des Dieux,
L'vn eſclaire l'Eſprit, l'autre eſclaire les Yeux:
Quand le bien le plus grand que poſſede le monde,
Par vn cruel deſtin fut retenu dans l'onde;
Lors que des flots mutins l'inſolente fierté,
Deſroboit à nos yeux ta Charmante Clarté:
Tout l'Vniuers trembloit, ton eſtrange aduanture,
Fut vne eclypſe affreuſe à toute la Nature.
Les Graces, les Vertus, & les Muſes en dueil,
S'enfermoient auec Toy dans vn meſme cercueil;
Le Parnaſſe n'eſtoit que douleur & que crainte,
Ie n'y vis point de front où la mort ne fut peinte:
Mais tu ſçeus diſſiper l'effroy que nous auions,
Quand tes Yeux en s'ouurant lancerent leurs rayons;
Et ce qui mit nos cœurs en proye à la triſteſſe,
Nous remplit auſſitoſt d'vne extrême allegreſſe.

Lors que nous peusmes voir ton esclat sans pareil
Sortir de l'Ocean plus brillant qu'vn Soleil.
REYNE, comme ce Dieu que ie viens de descrire,
Tu respands mille dons à tout ce qui respire;
Ton Esprit sans esgal formant de grands projets,
Trauaille sans relasche au bien de ses sujets:
Auguste sous l'Oliue autant que sous la Palme,
Auguste esgalement dans l'orage & le calme;
Tes soins Miraculeux dans leur actiuité,
Causent de toutes parts de la felicité.
Sans les rares effects de ta Magnificence,
Les belles actions seroient sans recompense;
Le Ciel guide ta Main, & l'aueugle hasard,
Dans le bien que tu faits ne prend aucune part.
Ton merueilleux Genie esclatant & sublime,
Pour les hautes vertus marque vne haute estime:
Ta Sagesse mesure en versant le bien-fait,
Celuy qui le merite & celle qui le fait.
Du monde tout entier tu sçais toutes les langues,
Et toutes leurs beautez brillent dans tes harangues:
Tes discours animez & tes sçauans Escrits
Par des termes pompeux enchantent nos esprits.
Dans tes beaux Sentimens la raison prend des armes,
Et passant par ta Bouche elle emprunte ses charmes:
Enfin, par les attraits, l'eloquence ou le fer,
Cet Admirable Objet peut tousiours triompher.

Les Grecs à la Science esleuerent vn Trône,
Et là sçeurent rauir à ceux de Babilône:
La Grece par le cours de ses mauuais destins,
Vit passer ce tresor chez les Peuples Latins.

Rome attira chez foy pour comble de richeſſe,
Ces demy-Dieux mortels Amans de la Sageſſe;
Par le ſoin de leurs Roys, & Madrit & Paris
Ont vû briller chez eux mille rares Eſprits.
Mais, REYNE, l'Vniuers te rendant ſes hommages,
Te fait vn beau tribut des plus grands Perſonnages:
Il forme pour ta Cour dedans tous les climats,
Des Chefs-d'œuures du Ciel vn pretieux amas.
Les Sçauans embraſez d'vne flame Diuine ;
Veulent tous admirer la ſçauante CHRISTINE;
Et ſon profond Genie & ſublime & charmant,
Pour tous les grands Eſprits eſt vn Diuin Aimant.
Pour tromper ta Raiſon, quoy que l'art puiſſe faire,
Le faux ne peut iamais paſſer pour ſon contraire:
En vain pour deceuoir il eſt induſtrieux,
Touſiours la Veritè ſe deſcouure à tes Yeux.
Tu ne combats le faux auec vn ſoin extrème,
Que pour nous deſuoiler la Veritè ſuprème:
Miraculeux Objet, abyſme de Clartè,
Glorieux confident de la Diuinitè;
Eſprit vniuerſel en qui les connoiſſances
Voyent des corps diuers les diuerſes eſſences.
Tu ſçais toutes les Loix qu'vn Pouuoir Souuerain,
Aux eſtres differens imprima de ſa Main:
Enfin, tu connois tout, rien n'a pour toy de Voiles,
Dans tout le champ des Fleurs, ny celuy des Eſtoiles.
Pour connoiſtre l'Autheur, tu connois ſes effects,
Et ta fin eſt Illuſtre en tout ce que tu faits:
La Science pour Toy n'a rien d'Inacceſſible,
Et tu vois clairement ce qui n'eſt pas Viſible.

Tu

'Ʈu connois toute l'ame & sçais comme elle agit,
Tu vois ce qui la meut & ce qu'elle regit :
Tu vois comme elle perd ou gagne la Victoire,
Tu vois de ses combats & la honte & la gloire.
En Toy les bons desirs ne sont point combattus ;
REYNE tes Passions sont autant de Vertus :
Dans vn calme profond, ta Raison que j'admire
Auecque Majesté, conserue son empire.
Ce qui doit obeïr est dedans son deuoir,
Ce qui doit commander signale son pouuoir :
Le Palais de l'Esprit ce visible Miracle,
Au commerce du Ciel n'apporte point d'obstacle ;
Point de souleuemens contre sa Volonté,
Dans son Entendement iamais d'obscurité :
Comme cette Ame en soy n'a rien qui se rebelle,
Elle vole à l'Objet de la Gloire Eternelle :
Cette Paix luy produit vn bon-heur sans pareil,
La disposant à voir nostre Diuin Soleil.
  Ton Auguste Personne, ô Fille incomparable ;
Sans le Trosne pompeux est tousiours adorable :
Le Sceptre fait souuent tout l'ornement d'vn Roy,
Tu fais briller le tien & tu brilles par Toy.
Grande REYNE, il est vray, que la clarté du Sage,
Est de l'estre infiny la plus parfaite Image :
Ce droit independant qui vient de tes Ayeux,
Forme vn crayon en Toy du Monarque des Cieux.
Mais, ô sublime Esprit ! ta Sagesse profonde,
Nous figure bien mieux l'Autheur de tout le Monde ;
Enfin pour embellir & ton Ame & ton Corps,
La Nature & le Ciel ont joint tous leurs tresors.

D

O pure Intelligence ! ô ſçauante Guerriere !
Myſterieux accord de flame & de lumiere :
Apres tes grands ſuccez, apres tes actions
Tu peux donner des Loix à mille Nations ;
Mais faire tout flechir par ſa valeur extreme
Eſt bien moins glorieux que ſe vaincre ſoy-meſme :
Ces eſclaues bruſlans de l'ardeur d'acquerir,
Troublent tout l'Vniuers voulant tout conquerir.
Tu veux pluſtoſt calmer les funeſtes tempeſtes,
Que ces Tyrans du monde excitent ſur nos teſtes ;
Ton ſort eſt enuié de tous les Potentats,
Ton Regne eſt bien plus grand que ne ſont tes Eſtats :
Il eſt dans tous les cœurs par ton rare merite,
Par vn Regne ſi beau ta Gloire eſt ſans limite.

  REYNE, en te regardant, ta Royale ſplendeur,
A mes yeux eſbloüis deſrobe ta Grandeur ;
Approuue mon deſſein, excuſe ma foibleſſe,
Voy le zele du ſtyle & non pas ſa rudeſſe.
Ie vay quitter ma plume & non pas mon projet,
Mon ſilence & mon bruit auront vn meſme Objet :
L'eſtude à l'aduenir aura toutes mes Veilles,
Pour ſçauoir dignement depeindre tes Merueilles.
Comme vont les Oiſeaux dans le temps des glaçons
Chez la belle Armonie apprendre des leçons,
Dans vn profond ſilence adoucir leur ramage,
Pour chanter au Printemps ſous vn dais de feuillage,
Ainſi ie veux me taire, & ie m'en vay pour toy
Cultiuer les talents que le Ciel mit en moy :
Ie vay les imiter me taiſant pour m'inſtruire,
Et t'admirer long-temps pour te pouuoir d'eſcrire.

F I N.

www.ingramcontent.com/pod-product-compliance
Lightning Source LLC
LaVergne TN
LVHW021915180726
843502LV00008B/3090